AF268265

AFFAIRE

D'ORIENT.

SOMMAIRES

DES PIÈCES ET DOCUMENTS DIPLOMATIQUES

Relatifs à la Question d'Orient.

L'ambassadeur russe, prince Menschikoff, ayant tout à coup posé à Constantinople la question du protectorat et menacé la Turquie d'une rupture avec la Russie, le colonel Rose, chargé de la chancellerie anglaise, se décide à appeler l'amiral Dundas. Instruit de cet événement le Gouvernement français donne à la flotte de la Méditerranée l'ordre de partir pour les mers de la Grèce.

Dès l'origine du conflit, le Gouvernement français s'empresse d'écrire à son ambassadeur à Saint-Pétersbourg. Il rappelle à la Russie que l'Empire Ottoman a été placé, par le traité du 15 juillet 1841, sous la protection de cinq puissances : la France, l'Angleterre, la Prusse, l'Autriche et la Russie. Cette dernière puissance n'a donc pas le droit d'exercer, isolément, une pression sur la Turquie.

La mission du prince Menschikoff, les menaces qu'il fait entendre, la concentration de trois corps d'armée russes sur les bords du Pruth, annoncent assez quelles sont les résolutions du Czar. Le Gouvernement français explique à l'Angleterre que ces préparatifs de guerre sont suffisants pour motiver la présence de la flotte française dans les mers de la Grèce, afin qu'elle soit sur la même ligne que l'escadre anglaise dans les eaux de Malte.

Dépêche très-importante adressée à l'ambassadeur français à Constantinople, dans laquelle sont prévues et résolues toutes les hypothèses que la question d'Orient présentait au mois de mars 1853. La France se fait toujours remarquer par la prudence et la modération de ses vues.

L'Autriche apparaît dans la série de ces documents. Cette puissance est d'avis, comme le Gouvernement français, de porter la question d'Orient devant les conférences formées par les *cinq puissances*. *Un* ou *deux* cabinets n'ont pas le droit, dit-elle par la bouche de son ministre, M. de Buol, de régler isolément des intérêts susceptibles d'affecter l'Europe entière.

Cette dépêche constate un fait très-important et qui prouve le peu de bonne foi de la Russie ; au moment même où son ambassadeur posait un *ultimatum* à la Turquie et la menaçait d'une rupture ; au moment encore où la Russie prenait ses dispositions pour entrer en campagne, elle protestait, à Saint-Pétersbourg, à Berlin, de ses intentions pacifiques, et déclarait qu'elle regardait le différend comme terminé.

Union de plus en plus intime de la France et de l'Angleterre pour faire respecter le traité du 13 juillet 1841, garantissant l'intégrité de la Turquie. La France propose à l'Angleterre d'ouvrir une Conférence avec la Prusse et l'Autriche.

———

La Russie a démasqué ses projets. Elle approuve les violences du prince de Menschikoff; ses armées se mettent en marche. Le Gouvernement français, continuant à faire preuve de la plus grande modération, fait savoir à son ambassadeur, M. de Lacour, qu'il veut laisser à la Russie toute la responsabilité d'une première agression.

———

L'Angleterre met la flotte de l'amiral Dundas à la disposition de son ambassadeur, lord Stratford; la flotte française est aux ordres de M. de Lacour. Les deux puissances puisent leur droit dans le traité de 1841; elles ne franchiront les Dardanelles que lorsque la Russie aura commencé les hostilités contre la Turquie. Elles ne cesseront pas d'ailleurs de faire tous leurs efforts, jusqu'au dernier moment, pour concilier les prétentions de la Russie avec les droits de souveraineté de la Porte.

———

La France insiste auprès de l'Autriche pour que les quatre puissances, armées du traité de 1841, s'interposent entre la Russie et la Turquie. L'union de l'Angleterre, de la France, de la Prusse et de l'Autriche assurerait le maintien de la paix, et c'est le maintien de la paix que recherche le Gouvernement de Napoléon III.

La Russie demande au Gouvernement français d'user de son influence pour faire accepter par la Turquie les demandes du prince Menschikoff. Le Gouvernement français répond que si ces demandes n'intéressent que la Turquie dans ses rapports particuliers avec la Russie, c'est à elle de les rejeter ou de les accepter, et la France n'a pas besoin de s'en mêler ; mais si ces demandes touchent aux intérêts de l'Europe, il faut les porter devant une conférence des cinq puissances.

———

Les pièces nᵒˢ 14, 15, 16, 17 et 18 sont de la plus haute importance. Il faut les lire avec le plus grand soin. Les droits prétendus que la Russie s'arroge pour envahir les principautés danubiennes et contraindre la Turquie à lui abandonner le protectorat de ses sujets de l'église grecque, y sont discutés et mis à néant. Le Gouvernement français y expose sa conduite, qui n'a pas cessé d'être réglée par le désire d'arriver à un arrangement pacifique. La dépêche nᵒ 18 achève de révéler la duplicité de la Russie, déjà signalée dans la pièce nᵒ 8.

———

Le Gouvernement russe semblait disposé à faire précéder les négociations de l'évacuation des Provinces danubiennes ; mais il ne s'expliquait pas sur l'époque de la retraite de ses troupes. D'un autre côté, l'approche de la mauvaise saison rendait dangereux le mouillage de Besika, où se trouvaient les flottes de France et d'Angleterre. Le Gouvernement français décide que, si les Principautés ne sont pas évacuées le 1ᵉʳ octobre, la flotte ira jeter l'ancre à l'entrée des Dardanelles, où elle sera à l'abri des vents du Nord. Il justifie cette mesure et fait savoir à Saint-Pétersbourg que le pavillon français ne se rend pas aux Dardanelles pour encourager la Porte dans un refus d'accommodement, mais par des considérations purement nautiques.

La question d'Orient, au mois de septembre 1853, était sur le point de recevoir une solution pacifique. La Porte Ottomane avait accepté, moyennant quelques modifications qui sauvegardaient sa dignité, un projet d'arrangement, dit *Note de Vienne*, émané de la conférence de Vienne. La Prusse considérait ces modifications comme indispensables, afin de prémunir la Turquie contre une interprétation abusive. Mais la Russie remet tout en question. Dans deux dépêches adressées à son ministre près la cour d'Autriche, M. de Nesselrode se livre à une argumentation qui prouve que la Russie ne fait aucune concession et entend imposer au Sultan l'*ultimatum* du prince Menschikoff, c'est-à-dire une déchéance morale, au moyen des commentaires dont elle accompagne la *Note de Vienne*.

Le péril couru par l'Empire Ottoman produit une grande fermentation à Constantinople. On redoute un soulèvement de la population musulmane. S. Exc. M. le Ministre des affaires étrangères, craignant avec raison que l'Empereur de Russie, informé de la situation des choses, ne fasse partir sa propre flotte pour le Bosphore afin de précipiter le dénoûment de son entreprise, propose à l'Angleterre d'envoyer les escadres française et anglaise à Constantinople, pour protéger les nationaux et le Sultan lui-même contre les dangers du dedans et du dehors.

Le Gouvernement français ne cesse pas d'allier la sagesse de ses conseils à la fermeté des mesures qu'il prend pour préserver la Turquie d'un envahissement. Malheureusement la dépêche de M. de Nesselrode, en commentant et exagérant le sens de la note de Vienne, a réveillé toutes les craintes du Sultan. M. Drouyn de Lhuys fait savoir à l'ambassadeur français à Constantinople que le cabinet de Saint-Pétersbourg a paralysé l'action du Gouvernement de Napoléon III.

Les hostilités deviennent imminentes. L'armée russe se rapproche du Danube et l'Empereur Nicolas poursuit ses préparatifs de guerre sur une vaste échelle. D'un autre côté l'Empire Ottoman, qu'un état prolongé d'incertitudes expose aux plus graves périls intérieurs, vient de déclarer *de droit* à la Russie, une guerre que celle-ci a déjà commencée *de fait*.

Dépêche destinée à être communiquée au Gouvernement autrichien. Le Gouvernement français rappelle à la cour de Vienne que M. Buol ne s'est pas prononcé d'une manière favorable à la Russie, lors de la mission du prince Menschikoff. Il montre la Russie envahissant les Principautés, compromettant les négociations par cet acte de violence, et forçant ainsi le Sultan à lui déclarer la guerre, pour échapper au soulèvement de son peuple: *Le Gouvernement français n'a qu'un but : la conservation de l'Empire Ottoman ; qu'un mobile, l'intérêt de l'Europe.*

S. Exc. M. le ministre des affaires étrangères fait part à M. le général Baraguay-d'Hilliers, ambassadeur à Constantinople, des nouveaux efforts faits par l'Empereur des Français, l'Empereur d'Autriche, la Reine de la Grande-Bretagne et le Roi de Prusse, pour faire cesser les hostilités entre la Turquie et la Russie. Il lui donne toutes les instructions nécessaires pour qu'il fasse agréer par le Sultan la nouvelle note émanée des quatre puissances, et qui sera transmise également à Saint-Pétersbourg. La Turquie et la Russie traiteront et discuteront leurs intérêts directement, sauf à s'aboucher dans des conférences où siégeront la France, la Prusse, l'Angleterre et l'Autriche.

Ce protocole, signé par les représentants de la France,

de l'Angleterre, de l'Autriche et de la Prusse, est une véritable et nouvelle consécration de l'intégrité de l'Empire Ottoman ; il contient une adhésion implicite à la politique suivie par la France et l'Angleterre, depuis l'origine de la question d'Orient.

―――――

Le Gouvernement français apprend la catastrophe de Sinope. La Russie, qui avait promis de rester sur la défensive, a pris l'offensive, presque en vue des pavillons anglais et français, et comme pour les braver. Cet évènement impose de nouveaux devoirs aux deux grandes puissances ; il est une atteinte à leur honneur national. Les flottes devront entrer dans la mer Noire et protéger les convois turcs, pour empêcher le renouvellement du massacre de Sinope.

―――――

La dépêche n° 34, adressée à M. le comte Walewski, ambassadeur français à Londres, a pour but de proposer à l'Angleterre de signifier collectivement à l'amiral Menschikoff « que les deux puissances sont résolues à prévenir la répétition de l'affaire de Sinope.» Tout bâtiment russe rencontré en mer sera dorénavant invité à rentrer à Sébastopol. Toute agression tentée contre le territoir ou le pavillon turc sera repoussée par la force. La mer Noire sera ainsi conservée comme *un gage*, jusqu'à l'évacuation des Principautés et jusqu'au rétablissement de la paix.

―――――

Tout en occupant la mer Noire comme un gage qui contrebalance l'occupation des Principautés, la France et l'Angleterre n'abandonnent pas le terrain diplomatique où se sont placées l'Autriche et la Prusse. Elles profiteront, au contraire, de la prise de possession de la mer Noire pour amener la Turquie à adhérer complètement aux propositions de Vienne. Quand la Turquie, en effet, verra qu'elle est hautement protégée par les deux grandes puissances occidentales, elle suivra leurs conseils avec plus de confiance.

Une dépêche, adressée à M. l'ambassadeur français à Saint-Pétersbourg, contient un récit clair, concis, marqué au coin d'une haute impartialité, des divers incidents du conflit. Elle met en lumière tout ce que l'événement de Sinope a eu d'inattendu, d'étrange, de peu compatible avec les assurances et les promesses émanées du Gouvernement russe. Elle donne son véritable caractère à l'entrée des flottes dans la mer Noire. Les deux puissances occidentales ont pris un *gage* « qui leur assure le rétablisse-
» ment de la paix en Orient à des conditions qui ne chan-
» gent pas la distribution des forces respectives des grands
» États de l'Europe. » Elle termine en faisant un appel à la sagesse du Gouvernement de Saint-Pétersbourg.

Le Gouvernement français, dans une circulaire, proteste une fois de plus de ses vues désintéressées; l'accord de la France et de l'Allemagne est l'objet de ses vœux; il n'a qu'un but : la paix du monde. *L'Allemagne n'est pas menacée sur le Rhin par la France, mais sur le Danube par la Russie.*

Dans la conférence tenue à Vienne, le 13 janvier 1854, les quatre grandes puissances déclarent que les conditions auxquelles la Turquie se déclare prête à traiter avec la Russie sont conformes aux vœux des Gouvernements. La conférence charge l'Autriche de faire connaître cette opinion à la Russie, et de lui transmettre en même temps la note adressée par Reschid-Pacha aux quatre puissances.

Dépêche à M. le marquis de Moustier, ambassadeur français à Berlin. Le Gouvernement français prouve au cabinet de Berlin que l'intérêt de la Prusse est le même que celui des puissances occidentales. La Porte a accepté les offres de la conférence de Vienne. Peut-on reconnaître à la Russie la faculté de les repousser et de continuer une guerre condamnable et devenue sans prétexte, de l'aveu de toute l'Europe ?

La Russie, qui a envahi les principautés danubiennes, porté le fer et la flamme sur les bords du Danube, brûlé une flotille turque à Sinope, et dont les préparatifs annoncent une guerre d'extermination contre le Sultan, ne veut pas admettre l'intervention protectrice de la France et de l'Angleterre dans la mer Noire. M. de Nesselrode proteste, au nom de l'Empereur Nicolas, contre la présence des flottes combinées dans l'Euxin.

La Russie, qui a repoussé les offres de la Conférence de Vienne, demande des explications à la France sur l'entrée des flottes dans la mer Noire. Elle demande que la Turquie et la Russie soient traiées sur un pied d'égalité, c'est-à-dire qu'un armistice soit établi dans la mer Noire, et que, si on bloque les vaisseaux russes à Sébastopol, on bloque les vaisseaux turcs à Constantinople.

Réponse de S. E. M. Drouyn de Lhuys. La demande de la Russie n'est pas acceptable. Les flottes sont entrées dans la mer Noire pour arrêter, autant que possible, le cours d'une guerre que les efforts de la France avaient vainement tenté de conjurer. Les amiraux empêcheront que les vaisseaux turcs ne dirigent aucune agression sur le territoire russe, en même temps qu'ils empêcheront les vaisseaux russes de sortir de Sébastopol ; mais ils ne sauraient mettre obstacle à ce que les Turcs ravitaillent leurs troupes de terre sur leur propre territoire. Agir différemment, ce serait affaiblir les moyens de défense du Sultan et rendre plus certaine la chute de son Empire.

M. de Kisseleff annonce qu'il va quitter Paris avec le personnel de son ambassade et se rendre en Allemagne.

Réfutation de cette note par S. Exc. M. Drouyn de Lhuys. Depuis la mission du prince Menschikoff, la Russie a toujours répondu par des actes d'hostilité aux efforts que faisait l'Europe pour amener la paix. Toutes les mesures dont elle se plaint, n'ont été prises par la France et l'Angleterre que pour répondre à quelques-unes de ces violences. La France et l'Angleterre, cependant, proposent encore à la Russie les conditions d'une paix honorable : si elle les repousse, la responsabilité des évènements pèsera tout entière sur elle.

Rappel de M. l'Ambassadeur français de Saint-Pétersbourg.

CONCLUSION.

On a pu voir, à la lecture de ces dépêches, que l'Empereur de Russie a constamment poussé à la guerre. Il a été sourd aux observations de ses alliés, aux instances de ses amis. Son égoïsme hautain se refuse à tenir compte d'une autre autorité que la sienne, et il veut que son Empire soit sans borne comme son ambition.

C'est donc le Czar, c'est lui seul qui, après avoir violé les traités, après avoir envahi, en pleine paix, le territoire de la Turquie, trouble violemment, sans motifs avouables, la paix du monde, interrompt les transactions commerciales, et porte atteinte à la fortune publique et à la fortune privée. L'Europe serait digne du mépris éternel de l'histoire, si elle souffrait des prétentions qui sont une insulte aujourd'hui, et qui deviendraient une ruine demain.

La France a déjà fait connaître qu'elle ne les souffrira pas. Fidèle observatrice des traités, elle les fera respecter des autres. Seules contre les Russes, les armées françaises les ont toujours et complètement battus, à Austerlitz, à Eylau, à Friedland, à Smolensk, à la Moscowa : réunis à l'armée anglaise, maîtres de toutes les mers, appuyés par une flotte combinée qui sera, dans trois mois, de quatre-vingts vaisseaux de ligne, les soldats français, dignes enfants de leurs glorieux pères, auront promptement et solidement rétabli la paix, nécessaire au travail et au bien-être des familles et des nations.

L'*Observateur de Trieste* rapporte que le maréchal de Saint-Arnaud a adressé la proclamation suivante aux troupes françaises qui se trouvent à Gallipoli.

Soldats Français,

Nous sommes sur une terre étrangère; mais le Sultan est notre allié et nous traite avec hospitalité. Savez-vous ce que signifie hospitalité, en Orient? L'hôte devient l'égal du maître de la maison. Vous n'abuserez pas des droits de l'hospitalité. Vous ne regretterez pas non plus les douceurs et les plaisirs de la patrie. Nous sommes venus ici pour défendre notre allié contre les barbares agressions du Czar.

Notre mission est grande, et si, avec l'aide de Dieu, nous parvenons à l'accomplir heureusement, nous nous rendrons immortels comme nos aïeux. Notre Empereur ne songe qu'à la gloire de la France et à votre bien-être; il attend de vous dans la lutte contre les barbares du Nord le courage et la valeur qui accroîtront la gloire de notre patrie.

Vive l'Empereur! que ce cri soit notre mot d'ordre dans le combat! c'est le cri qui a conduit nos immortels ancêtres à la victoire! C'est au cri de Vive l'Empereur! que nous voulons vaincre ou mourir!

Brest. — Imprimerie de J.-B. LEFOURNIER Aîné, Grand'Rue, 86.